Publié par Ph. Burty

LES
DERNIERS TÉLÉGRAMMES
DE L'EMPIRE

CAMPAGNE DE 1870

TOUS DROITS RÉSERVÉS.

LES
DERNIERS TÉLÉGRAMMES
DE L'EMPIRE

CAMPAGNE DE 1870

DOCUMENTS INÉDITS

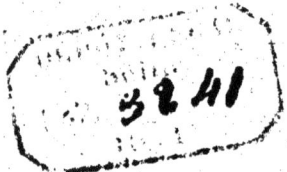

Prix : 75 centimes

PARIS
L. BEAUVAIS, ÉDITEUR
25, QUAI VOLTAIRE, 25

1871

LES
DERNIERS TÉLÉGRAMMES
DE L'EMPIRE

Les télégrammes que nous publions aujourd'hui offrent un intérêt d'autant plus vif, qu'ils étaient directement échangés, pendant la fatale campagne de France, entre Napoléon III ou son état-major et les Tuileries ou le cabinet particulier des ministres.

Ils ont donc généralement un caractère confidentiel, soit dans le sens propre du terme, soit dans le sens qu'on y attache dans le langage officiel.

Pour plus grand nombre, ces dépêches étaient traduites en un chiffre spécial, indéchiffrable pour les employés du télégraphe et même pour l'entourage de l'Empereur et de l'Impératrice. Elles étaient transcrites (jusqu'au 13 août) sur les premiers feuillets d'un registre spécial, abandonné par l'Impératrice lorsqu'elle quitta précipitamment ses appartements.

Ces télégrammes ouvrent des jours nouveaux sur la politique et les événements de guerre des derniers jours de l'empire. La défense que le général Trochu a présentée récemment à la Chambre leur donnait un intérêt passager d'actualité ; mais ils montrent surtout, avec une intensité éloquente et cruelle, la légèreté avec laquelle cette guerre fut entreprise et le manque d'unité avec lequel elle fut conduite. Les ordres se croisent, se contredisent. Le ministère de la guerre n'est point d'accord avec l'état-major de Metz. Les plans de campagne, lorsque l'insuffisance du premier a été reconnue, varient à tout propos.

Deux figures se détachent nettement dans cet effroyable désordre : celle de l'Impératrice, visiblement dominée par l'instinct de la maternité, et qui se prépare à la régence en mettant la main sur les parties les plus importantes des services militaires; puis celle de l'Empereur, vague et terne, dont aucun désastre ne semble troubler l'impassibilité flegmatique.

Ces documents sont publiés dans l'ordre strict où ils ont été transcrits par nous, sans altération d'aucune nature. Nous ne les avons interlignés de quelques notes que pour en adoucir parfois l'apparente incohérence. Les faits intermédiaires ont été en partie donnés par les dépêches reproduites dans les livraisons 2, 11 et 13 des *Papiers et correspondances de la Famille impériale*.

La série débute par des télégrammes intimes.
L'Impératrice télégraphie de Saint-Cloud (28 juillet 1870) à la comtesse de Montijo, sa mère, à Madrid :

« L'Empereur et Louis viennent de partir. Je suis pleine de confiance dans l'issue finale. Tout le monde bien portant.

« EUGÉNIE. »

Et au prince impérial, à Metz.

« J'espère que tu n'es pas trop fatigué, et que les émotions de la journée ne te feront pas mal. Je pense bien à toi. Je suis heureuse et fière de te voir partager les fatigues et les dangers de nos braves soldats.

« EUGÉNIE. »

Le prince impérial — nous sommes au 29 juillet — répond, de Metz, à sa mère, en villégiature au château de Saint-Cloud :

« Tout va bien. Je ne suis pas fatigué. Je viens de visiter les camps. Tous les soldats sont enchantés. Je vous embrasse de tout cœur.

« Votre affectionné et respectueux fils,

« LOUIS NAPOLÉON. »

La guerre n'était pour lui que la continuation des parades de la cour du Carrousel ou du Champ de Mars, et les soldats apparaissaient « enchantés » à ce jeune garçon adulé par un entourage futile.

On n'a point oublié la fameuse demande : « Envoie-moi un bracelet pour la préfète. » L'Impératrice, qui savait l'importance de la femme dans les choses humaines et politiques, répondait dès le lendemain, à dix heures et demie du matin :

« Guzman partira ce soir et j'envoie le bracelet.

« EUGÉNIE. »

Ce même 31 juillet, dépêche de l'Empereur au ministre de la guerre :

« Envoyez le 72ᵉ à Lyon. — On dit qu'il y a dans les dépôts beaucoup d'hommes qui pourraient rejoindre. Faites-les mettre en marche par compagnie ou par bataillon de marche. — La Corse, d'ailleurs, peut fort bien, ce me semble, rester sans garnison.

« NAPOLÉON. »

Le « on dit, » à propos des hommes restés au dépôt, est plus que surprenant de la part d'un généralissime. Notre ennemi était mieux renseigné sur l'état exact des forces qu'il allait nous opposer !

Le même jour encore, Napoléon III écrivait à l'Impératrice, qui lui soumettait son projet d'aller le surprendre au camp :

« Malgré mon désir de te revoir, je crois qu'il est mieux

d'y renoncer. D'ailleurs il est possible que nous partions d'ici demain. — Nous sortons de la messe; l'évêque a été très-convenable. — Nous t'embrassons tendrement.

« NAPOLÉON. »

Le feu va enfin s'ouvrir. En guise de répétition, on organise, pour l'éducation guerrière du jeune prince, l'inutile et sanglante affaire de Sarrebruck.

La dépêche annonçant à l'Impératrice ce fait d'armes, qui jeta dans une réelle stupéfaction l'état-major prussien, fut communiquée par le château à la presse parisienne, mais incomplète. On avait reculé devant l'effet qu'eût produit dans le public la phrase que nous transcrivons en italique. La voici restituée dans son entier, d'après l'original, daté du 2 août :

« Louis vient de recevoir son baptême du feu. Il a été admirable de sang-froid, n'étant nullement impressionné, et *semblait se promener au bois de Boulogne.* Une division du général Frossard a pris les hauteurs qui dominent la rive gauche de Sarrebruck. Les Prussiens ont peu résisté. Il n'y a eu qu'un feu de tirailleurs et de canonnade. Nous étions en première ligne, mais les balles et les boulets tombaient à nos pieds. »

Le 2 août, 6 h. 32 min. soir.

A l'Empereur.

« Je suis bien heureuse de la nouvelle que vous me donnez. Elle compense les inquiétudes que j'ai depuis tant de jours. — Vous ne me dites rien de vous et vous savez pourtant combien *mon cœur vous* (ces trois mots rayés et la phrase reprenant ainsi :) je vous associe pour deux dans la même pensée. — Êtes-vous fatigué? — Je vous embrasse de tout cœur.

« EUGÉNIE. »

Le 2 août, 6 h. 33, soir.

Au Prince impérial.

« Je sais. Tu t'es bien conduit. — Je suis fière et bien heureuse. — Ta dépêche m'a beaucoup plu. — Tes cousins te félicitent ainsi que tout le monde. — Je t'embrasse de toute mon âme.

« EUGÉNIE. »

Le lendemain, la politique reprend ses droits.

St-Cloud, le 3 août, 3 h. 15, soir.

L'Impératrice au Ministre de l'Intérieur.

« Dans la dépêche *Pietri* (ce nom rayé) du secrétaire particulier de l'empereur, qui doit être communiquée aux journaux, je désire qu'on remplace les mots « *les officiers d'artillerie français sont enthousiasmés* » par les mots « *les officiers comptent beaucoup sur l'effet des mitrailleuses.* »

MAISON
de
L'IMPÉRATRICE

Palais de St-Cloud, le 5 août 1870.

L'Impératrice à l'Empereur.

« En lisant toutes ces dépêches de Wissembourg, l'impression qui me reste est toute à votre avantage, puisque trois régiments ont pu lutter contre deux corps d'armée dont faisait partie la garde prussienne. Dans leurs bulletins, ils accusent des pertes considérables. Il est impossible que le moral de leurs troupes ne soit pas atteint par cette admirable défense. Je regrette vivement le général Douay mort si vaillamment. J'ai fait écrire à Bibesco pour qu'il prévienne son frère.

« EUGÉNIE. »

C'est par le major général Lebœuf que l'Impératrice avait été informée, dans la nuit, de la bataille de Wissembourg, si glorieusement perdue par nos troupes. En l'en remerciant, elle engage « l'état-major de l'Empereur à se servir un peu plus de chiffres qu'on ne le fait. » C'était pour éviter que le public connût trop tôt la vérité sur les nouvelles.

Sur tous les points de notre ligne d'attaque, grâce à la faiblesse du rideau que nous tendions devant les masses allemandes, les revers ont aussitôt commencé.

———

Dans le même jour, — 6 août, — l'Impératrice écrit ou fait écrire à son fils, de retour à Metz :

« Tout le monde à Saint-Cloud pense à vous; les heures semblent bien longues; mais l'idée d'un beau retour soutient nos forces et nos espérances. »

Et ceci à son mari :

« L'impression douloureuse produite à Paris a exalté le sentiment patriotique, sans ébranler la confiance. — J'ai déjà reçu la réponse à propos du pauvre général Douay. Je compte lui écrire par poste.

« EUGÉNIE.

Ce même soir, le général de la garde nationale, d'Autemarre, reçoit l'ordre « d'être aux Tuileries à minuit, » et le garde des sceaux, Émile Ollivier, l'avis « d'écrire aux préfets de la frontière, qui pourraient peut-être renseigner sur la situation du maréchal Mac-Mahon. »

Vers 7 heures, le garde des sceaux a transmis au château cette dépêche de l'Empereur :

« Je n'ai pas encore reçu de nouvelles de Mac-Mahon. — Sur la Saare, le corps du général Frossard a été seulement engagé, et le résultat est encore incertain. — J'ai bon espoir. »

Dans la journée, on a pris des précautions pour que le public de Paris et de la province ne reçoive point d'autre dépêche que celle communiquée à la Bourse par le ministre de l'intérieur, M. Chevandier de Valdrôme. La France commençait à entrevoir vers quel abîme la poussait l'imprévoyance de celui qui avait déclaré la guerre sans la pouvoir soutenir; l'émotion se traduisit avec vivacité dans le public et même dans la Chambre. L'Impératrice, de retour à Paris, attend les nouvelles « avec une impatience fébrile. Tout semble calme pour le moment, » ajoute-t-elle.

« Le conseil sera réuni ce soir, ne vous tourmentez pas; je suis sûre que Paris ne sera pas une cause de difficultés. Courage, cher ami; chacun doit faire son devoir là où les circonstances l'ont placé. Je suis calme et confiante, soyez-le aussi. »

Dans la soirée, la duchesse de Mouchy, au château de Mouchy (Oise), reçoit ce billet amical et laconique :

« Le corps d'armée du maréchal Mac-Mahon a été battu. Les troupes se replient en bon ordre sur Châlons. J'ai bon espoir. Ne vous découragez pas.

« EUGÉNIE. »

Et la comtesse de Montijo celui-ci, qui n'en diffère guère, quant au fond :

« L'Empereur et Louis bien. — Le corps du maréchal Mac-Mahon a subi un échec et a dû se retirer. Nos troupes se concentrent facilement. Il n'y a pas lieu d'être alarmé. Je suis rentrée à Paris pour être plus au centre des affaires. Ne vous tourmentez pas. La confiance ici est immense. Je vous embrasse.

« EUGÉNIE. »

7 août, 2 h. 1/2.

L'Impératrice à l'Empereur.

« Dans vos opérations militaires, ne vous préoccupez pas de l'opinion de Paris. L'important n'est pas de faire vite, mais de bien faire. L'ennemi a passé Brisach. Je suis inquiète de Douay, à moins qu'il ne reste enfermé. Je crains qu'il ne soit vite coupé. Dans trois jours, nous aurons à Paris 20,000 hommes de bonnes troupes, plus les quatre régiments du Midi, et, si nous voulons, les quatre régiments d'Afrique. Avec la garde nationale, il sera facile de les porter à 40,000 hommes. On se maintiendra facilement si une armée tient la campagne. L'audace avec laquelle ils procèdent leur sera fatale, si nous ne prenons pas une revanche trop vite. »

« J'ai reçu votre dépêche, j'en suis très-contente. Pour moi, il est évident que nous aurons un succès si nous ne nous pressons pas. — Émile Ollivier vient de m'adresser cette réponse : Trochu vient de me déclarer qu'il ne peut prendre le ministère et qu'il faut le laisser.

« L'opinion est montée à Paris contre le maréchal Lebœuf et le général Frossard. On les accuse fortement d'avoir amené les défaites que nous déplorons. Entendez-vous avec le maréchal Bazaine pour les opérations à venir. »

Ici la comédie côtoie le drame.
Le garde des sceaux envoie cet avis motivé à l'Empereur :

« A l'unanimité, le conseil des ministres et le conseil privé croient qu'il serait bon que le prince impérial revînt à Paris.

« Émile Ollivier. »

L'impératrice ajoute en marge cette adhésion toute féminine :

« Je n'ai pas cru devoir m'y opposer. »

Mais aussitôt elle télégraphie pour son propre compte, à l'aide d'un chiffre privé, ce qui forme ses vues personnelles :

« Pour des raisons que je ne puis pas expliquer dans cette dépêche, je désire que Louis reste à l'armée, et que l'Empereur promette son retour à Paris sans le faire effectuer. — Le conseil des ministres et le conseil privé pensent unanimement, au point de vue politique, que la concentration stratégique des forces militaires sera approuvée par le pays. »

Émile Ollivier à l'Empereur.

« Nous avons répondu un peu vite ce matin sur l'effet de la retraite de Châlons.

» L'effet ne sera pas bon, il va de soi que nous ne parlons que politiquement ; mais le point de vue stratégique doit l'emporter sur le point de vue politique, et vous êtes le seul juge.

» Dejean n'inspire confiance à personne dans le public, il est probable que si nous ne prenons pas l'initiative, la chambre le renversa. Je demande à Votre Majesté de m'autoriser à signer en son nom le décret qui nomme Trochu. L'effet d'opinion sera infaillible. »

Émile Ollivier à l'Impératrice.

« Le général Trochu vient de me déclarer qu'il ne peut pas prendre le ministère de la guerre et qu'il faut le laisser. »

Cette laborieuse journée du 7 août, — dans laquelle on voit poindre le général Trochu et se dessiner vaguement son futur rôle de protecteur négatif de la monarchie croûlante, — se termine enfin par ce rapport déjà connu, mais bien typique, du chef du cabinet

« L'état de l'opinion publique est excellent. A la stupéfaction, à une immense douleur, ont succédé la confiance et l'élan. Le parti révolutionnaire lui-même est entraîné dans le mouvement général. Un ou deux misérables, ayant crié : *Vive la république!* ont été saisis par la population elle-même. Chaque fois que la garde nationale sort, elle est acclamée.

» Ainsi n'ayez aucune inquiétude sur nous, et ne songez qu'à la revanche qu'il nous faut, dussions-nous faire tous les sacrifices.

» Nous sommes tous unis. Nous délibérons avec le conseil privé dans le plus parfait accord. L'Impératrice est très-bien de santé. Elle nous donne à tous l'exemple du courage, de la fermeté et de la hauteur d'âme. Nous sommes plus que jamais de cœur avec vous.

« ÉMILE OLLIVIER. »

Les dépêches des jours suivants sont devenues particulièrement curieuses depuis la défense du général Trochu.

On voit clairement que, quoi qu'il en croie encore aujourd'hui, ses plans de défense de Paris par l'armée de Metz étaient, dès le 8 août au matin, déjà repoussés en principe par l'état-major impérial, comme à Paris par le ministre et par l'Impératrice. Ce qui reste acquis, c'est qu'au château, à Metz ou au ministère de la guerre, on ne tenait guère compte du général Trochu ni de ses plans.

L'Empereur à l'Impératrice.

« La retraite sur Châlons devient trop dangereuse, je puis être plus utile en restant à Metz avec cent mille hommes bien réorganisés. Il faut que Canrobert retourne à Paris et soit le noyau d'une nouvelle armée. Ainsi deux grands centres, Paris et Metz : telle est notre conclusion. Prévenez-en le conseil. Rien de nouveau. »

Paris, 8 août, 10 h. du matin.

L'Impératrice à l'Empereur.

« Ne vous préoccupez pas de Paris, j'en réponds. Nous nous occupons aussi de former une armée à Paris. Ne vous privez pas de Canrobert, il peut vous être utile ; vous n'aurez jamais trop de monde. — Nous avons appelé Palikao pour former une armée de Paris ; l'opinion le désigne. — Changarnier, arrivé ce matin, a demandé audience au ministre. Essentiel : prévenir demande en envoyant Palikao. »

Metz, 8 août, 4 h. 30, soir.

Piétri à l'Impératrice.
(Confidentiel pour l'Impératrice seule.)

« N'écoutant que mon dévouement, j'ai demandé à l'Empereur s'il se sentait assez de forces physiques pour les fatigues d'une campagne active, de passer les journées à cheval et les nuits au bivac. Il est convenu avec moi qu'il ne le pouvait pas. Je lui ai dit alors qu'il valait mieux aller à Paris réorganiser une autre armée et soutenir l'élan national, avec le maréchal Lebœuf comme Ministre de la Guerre, et laisser le commandement en chef de l'armée au général Bazaine, qui en a la confiance, et auquel on attribue le pouvoir de tout réparer. S'il y avait encore un insuccès, l'Empereur n'en aurait pas la responsabilité entière. C'est aussi l'avis des vrais amis de l'Empereur. »

L'Impératrice à l'Empereur.

« La situation deviendrait plus grave que vous ne croyez, si Palikao n'était pas ministre de la guerre. Le maréchal Lebœuf est rendu responsable des ordres et contre-ordres donnés qui sont connus à Paris. On vient de me dire qu'on demandait à la Chambre son remplacement. Le général Palikao ne va pas à Metz. Je suis en crise ministérielle; ne vous inquiétez pas. Il est urgent, pour satisfaire l'opinion publique, qu'à l'ouverture de la Chambre on annonce le remplacement du maréchal Lebœuf. »

Paris, 9 août, 1 h. 13, soir.

« Le général Palikao accepte et part immédiatement pour Metz. Il faudrait que la démission du maréchal fût donnée avant son arrivée. Cette mesure, je crois, calmera la Chambre. Tout va bien ici, l'ordre ne sera pas troublé; le conseil et moi ne sommes pas de l'avis apporté par M. Maurice Richard. Je vous embrasse tendrement ainsi que Louis; ma tendresse augmente avec les événements. »

L'avis apporté par M. Maurice Richard était-il la décision sortie de ce conseil de guerre dont a parlé le général Trochu en avançant quelque peu la date? Nous n'avons à ce propos nulle donnée précise. Napoléon se perdait dans les intrigues qui se nouaient et se dénouaient au château. Il sollicite des explications :

« Je ne comprends rien à l'envoi de Palikao à Metz; il ne peut rien changer à la situation. Je pensais que c'était la démission du Ministre de la Guerre qu'on demandait; l'autre est impossible. Pour ce qui concerne l'armée, il ne faut rien faire sans me consulter. Changarnier est venu à Metz se mettre à ma disposition. »

L'Impératrice répond avec une vivacité qui tourne à la colère :

« Vous ne vous rendez pas compte de la situation, il n'y a que Bazaine qui inspire confiance: la présence du maréchal

Le Bœuf l'ébranle aussi bien là-bas qu'ici. Les difficultés sont immenses. M. Schneider me met le couteau sous la gorge pour un ministère presque impossible. Pour faire face à cette situation, je suis sans commandant de troupes, et l'émeute est presque dans la rue. D'Autemarre inspire confiance à la garde nationale; si je le déplace, elle ne suivra plus son nouveau général. Canrobert m'est donc indispensable. Prenez Trochu à sa place, vous donnerez satisfaction à l'opinion publique, et vous me donnerez un homme dévoué, ce dont je manque complétement. Dans quarante-huit heures, je serai trahi par la peur des uns et par l'inertie des autres. »

Dans la soirée, nouveaux efforts pour secouer l'Empereur de sa torpeur maladive ou de son mutisme irritant :

« La loi proposée autorise l'incorporation des gardes mobiles dans l'armée. Je vous supplie de faire venir immédiatement les mobiles du camp de Châlons pour les enrégimenter. Je pense qu'après-demain je serai en mesure de vous envoyer quinze mille hommes de Paris. Les voulez-vous? Palikao m'a dit qu'il y avait trop de troupes à Lyon; faut-il vous en envoyer une partie?

« EUGÉNIE. »

Metz, 10 h. 5, soir.

L'Empereur à l'Impératrice.

« Je viens de voir Duperré, il te portera ma réponse. Je crois que nous revenons au beau temps de la Révolution où on voulait conduire les armées par des représentants de la Convention. — On peut nommer le général Dumont à Lyon, à la place de Montauban. — Je ferai venir, si j'en ai le temps et les moyens, le corps d'armée de Châlons. Il me serait impossible pour le moment d'en faire venir davantage.

« Je désire garder Canrobert à la tête de son corps d'armée. Quant au maréchal Lebœuf, il m'a déjà donné sa démission; mais je ne puis l'accepter tant que je n'aurai pas quelqu'un qui ait ma confiance pour le remplacer. — Il faut mettre d'Autemarre à la place de Baraguay-d'Hilliers et trouver quelqu'un pour commander la garde nationale de la Seine. — Nous t'embrassons tendrement. »

Un confident, dont nous verrons encore revenir le nom dans des circonstances graves, envoie au château ces renseignements brefs et ce conseil pratique :

Duperré à l'Impératrice.

« L'Empereur a donné ce matin au général Bazaine la direction des opérations et du commandement de l'armée; il l'a nommé major général. C'est par lui que tous les ordres doivent être transmis et exécutés. Il faut donc que l'Empereur soit constamment avec lui. La charge de major devient donc une superfétation; il faut la supprimer et l'enlever au maréchal Lebœuf. — Voilà ce qu'il faut répondre à la dépêche de l'Empereur. »

L'Impératrice au maréchal Lebœuf.

« Au nom de votre ancien dévouement, donnez votre démission de major général; je vous en supplie. Je sais combien cette détermination va vous coûter; mais, dans les circonstances actuelles, nous sommes tous obligés aux sacrifices. Croyez qu'il n'en est pas de plus dur que la démarche que je fais auprès de vous.

Paris, 9 août, 6 h., soir.

L'Impératrice à l'Empereur.

« Je crois absolument nécessaire que vous ayez des renforts. D'après les avis que j'ai reçus, la jonction des deux armées prussiennes va vous mettre au moins trois cent mille hommes sur les bras. Appelez à vous les troupes de Châlons et tout ce que vous pourrez rassembler. Si vous approuvez, envoyez-moi des ordres immédiats. »

L'Impératrice à l'Empereur.

« Ce que je craignais est arrivé; j'ai un changement de ministère. Palikao est à la tête; mesure admirablement acceptée. — L'annonce de la nouvelle situation du maréchal Bazaine a produit le meilleur effet. Votre prestige est intact. Il n'en est malheureusement pas de même de votre major général Tout le monde est aux plus grands sacrifices. Notre seule préoccupation est que vous n'avez pas assez de monde. »

———

Voici la série des dépêches privées du 10 août :

L'Impératrice à l'Empereur.

« Je vous envoie communication d'une dépêche que je reçois. Voulez-vous que nous vous envoyions des masses de gardes nationales mobiles dans la direction de l'armée? Nous nous chargeons d'assurer leur nourriture et leur armement.

« Le ministère sera formé aujourd'hui à trois heures, je l'espère du moins. Je pourrais alors, en faisant venir les gardes nationales des départements avoisinant Paris, envoyer l'infanterie de marine, excellente troupe, au camp de Châlons. Toute ma préoccupation est que vous n'ayez pas assez d'hommes. M'autorisez-vous, chaque fois que je pourrai former un noyau dont j'aurai assuré les approvisionnements, de vous les envoyer? — Vous ne m'avez rien répondu au sujet de plusieurs de mes dépêches d'hier. — Je vais bien, je vous embrasse tendrement. Ne vous tourmentez pas pour nous, tout s'arrange. »

Metz, 10 août.

L'Empereur à l'Impératrice.

« Il m'est plus impossible de me passer d'un major général que du ministre de la guerre. Il n'y a aucun rapport entre ces fonctions et celles du maréchal Bazaine. Un seul exemple : si je supprime, sans le remplacer avantageusement, le major général, l'armée pourrait manquer de vivres, le corps de cavalerie de fourrages, et tous les détails de service souffriraient. Il faut ne rien connaître aux choses de la guerre pour penser qu'à la veille d'un combat je puisse supprimer le rouage le plus important de l'activité. J'apprends avec peine que la Chambre s'est déclarée en permanence; c'est une violation manifeste de la constitution. »

Cette incohérence dans les réponses à des demandes si précises, cette persistance à mettre au premier plan une question de service alors que le point capital est, bien réellement, l'insuffisance numérique de l'armée française en face du flot allemand, finissent par jeter l'Impératrice dans un trouble dont elle ne peut modérer expression.

Paris, 10 août, 10 h., soir.

Je reçois du major général une dépêche, datée de 4 heures et demie, par laquelle il demande que la division d'infanterie de marine reste à Paris. Ces télégrammes contradictoires, écrits en l'air, transpirent dans le public. Ils produisent le plus déplorable effet, parce qu'ils trahissent dans le commandement une hésitation et un défaut d'unité dont tout le monde redoute le danger.

« EUGÉNIE. »

Ce télégramme, où perce, sous la forme du langage officiel, une sourde colère contre ce généralissime puéril et entêté qui tient en ses mains les destins déjà si chancelants de la France, reçoit le lendemain matin, à 8 h. 50, cette réponse : elle n'éclaircit rien et laisse tout en suspens :

L'Empereur à l'Impératrice.

« L'apparente contradiction s'explique : le major général écrit qu'on peut envoyer la division de marine lorsque celles de Châlons seront arrivées ; de mon côté, comme il faut encore trois fois vingt-quatre heures pour que les divisions de Châlons arrivent, j'ai pensé qu'il serait trop tard pour faire venir l'infanterie de marine. — Je suis désolé de vous contrarier, mais le bien du service n'exige aucun changement dans les circonstances actuelles. — Il a plu à torrents cette nuit. Pas d'engagements. — Nous t'embrassons tendrement. »

En donnant la composition du nouveau ministère, l'Impératrice le dit « très-convenablement accueilli par la Chambre. » Il n'est peut-être pas hors de propos, tant ces hommes politiques ont vite passé, de rappeler que ce ministère était ainsi composé : intérieur, Henri Chevreau ; affaires étrangères, prince de la Tour-d'Auvergne ; finances, Magne ; travaux publics, Jérôme David ; commerce, Duvernois ; instruction publique, Brame ; conseil d'État, Busson-Billault ; guerre, comte de Palikao ; marine, amiral Rigault de Genouilly ; justice, Grandperret.

Metz, 11 août, 2 h. 25, soir.

L'Empereur à l'Impératrice.

« Comment se fait-il qu'avec l'état de siège on laisse insérer des articles séditieux ? »

Paris, 11 août, 3 h. 45, soir.

L'Impératrice à l'Empereur.

« Parce que le maréchal Baraguay d'Hilliers n'a pas voulu se servir des pouvoirs que lui donnait l'état de siége. Du reste, il a donné sa démission. Je viens d'apprendre qu'à la Chambre on veut demander la mise en accusation du maréchal Lebœuf. »

Metz, 11 août 1870, 5 h 20, soir.

Piétri à l'Impératrice.

« Je vous dit courage, notre situation militaire s'améliore. Toute l'armée, concentrée sous les canons de Metz, ne peut être... (le mot est resté en blanc). Il faut employer les moyens énergiques. Ordonnez aux préfets, maires, populations de l'Est, de faire tout sauter, ponts, tunnels, chemins de fer, avant les Prussiens ; armer les gardes nationales, les faire venir en masse vers Châlons. J'ai eu à ce sujet une conversation intéressante avec la personne amenée par votre ordre par M. Cartelin. Elle doit demander à vous voir à Paris demain. L'Empereur et le Prince vont bien ; ils visitent le campement des troupes. »

Cette aveugle mesure de « faire tout sauter » sans attendre les nécessités successives des opérations stratégiques, a imposé à notre industrie et à nos populations rurales des sacrifices bien lourds et bien inutiles !

Metz, 11 août, soir.

« Le maréchal Mac-Mahon, en quittant Nancy ce matin, l'a fait évacuer. L'Empereur dort. Je vous donnerai des détails demain matin.

« Piétri. »

Metz, 12 août, 7 h., matin.

L'Empereur à l'Impératrice.

« Il est probable que l'ennemi occupe le chemin de fer de Nancy avant de livrer bataille, mais cela ne doit pas inquiéter à Paris; l'essentiel est de réunir à Châlons, sous le commandement de Mac-Mahon, le plus grand nombre de troupes, et d'armer Paris. Nous allons bien et t'embrassons tendrement.

« (Note à M. Amiot.) Le fil télégraphique qui sert aux grandes communications directes entre Leurs Majestés passe par Briey, Verdun, et n'est pas menacé. »

Le Ministre de la Guerre au Major général.

« Vous savez sans doute que le corps badois en face de Mulhouse s'est rallié, par la rive droite du Rhin, à l'armée prussienne devant Metz; le corps de Douay paraît libre. »

Paris, 12 août, 11 h., matin.

L'Impératrice à l'Empereur.

« On dit que le corps badois ne peut être devant Metz que le 14 août. »

Les familiers du château commencent eux-mêmes à s'effrayer des fautes qu'entraîne l'entêtement maladif du chef irresponsable du pouvoir, et à se préoccuper de l'état de l'opinion publique.

Paris, 12 août, midi 40 minutes.

Conti à Piétri.

« On croit que l'Empereur s'est dessaisi du commandement en chef; on ne comprend pas dès lors que Sa Majesté ait besoin d'un major général. On dit que le maréchal Bazaine a pour remplir cet office son chef d'état-major. Il est prudent dans les circonstances de ne pas résister davantage aux exigences même injustes de l'opinion. »

Dans la journée, arrive enfin la nouvelle de la démission du maréchal Lebœuf. L'Impératrice, délivrée de ses appréhensions les plus cuisantes, lui écrit aussitôt :

« Mon cher Maréchal,

« Je vous remercie de ce que vous faites, je n'oublierai jamais cette preuve de dévouement que vous donnez à l'Empereur ; j'en suis touchée et émue. »

L'Empereur reçoit aussi son compliment :

« Vous avez fait une bonne chose, je vous embrasse bien tendrement et je vous remercie de ce grand sacrifice que vous avez fait. »

Metz, 13 août, 2 h., soir.

L'Empereur à l'Impératrice pour le Ministre de la Guerre.

« L'ennemi fait de fortes reconnaissances qui se retirent dès qu'on marche en avant. Vous pouvez réunir à Châlons les éléments d'une puissante armée. Le maréchal Mac-Mahon y va avec les débris de ses cinq divisions. Vous pouvez y appeler par le télégraphe le général de Failly, qui est à Mirecourt. Enfin vous pouvez faire venir les deux divisions du général Douay, qui sont trop isolées à Belfort. Nos approvisionnements suffisent pour dix jours, mais l'intendant en rassemble à Verdun. Il est essentiel de faire refluer sur Châlons une quantité considérable de matériel qui encombre le chemin de fer de Châlons à Nancy. »

Mirecourt, 13 août, 3 h. 20, soir.

Le général de Failly au Major général.

« Le maréchal Mac-Mahon a pris de nouveau la direction que j'avais choisie : Neufchâteau et la vallée de l'Aube. Obligé d'appuyer à gauche et de prendre Chaumont comme première objection, je porte demain le corps d'armée à la Marche-Franay et environs, route de Mirecourt à Chaumont. »

Paris, 13 août, 3 h. 10, soir.

L'Impératrice à l'Empereur.

« Les ordres sont expédiés. Le ministre assure qu'il aura 80,000 hommes à Châlons dans quatre jours, en comptant les corps Mac-Mahon et de Failly. »

4 h. 20 m.

« Les ordres sont donnés pour les mesures à prendre dans le cas où l'on voudrait faire sauter la ligne du chemin de fer de Thionville à Sedan. Je m'assure de l'exécution de ces ordres. »

4 h. 50 m.

« Dès que les mesures relatives à la ligne de Thionville à Sedan seront prises, je vous en informerai, afin que vous puissiez donner l'ordre de faire sauter dès que vous le jugerez opportun. »

Metz, 13 août, 8 h. 10, soir.

L'Empereur à l'Impératrice

« On dit Nancy occupé et la communication interrompue avec Toul. Ici rien de nouveau. — Mille tendresses. »

Au milieu de ces préoccupations militaires arrive de Perpignan au ministère de l'Intérieur cette dépêche, où se dresse la menace, quoique à l'étranger, de l'avènement de la République :

« On m'assure de Perthuis que des troupes et de la garde civile se concentrent au fort de Figuières, et que les carabiniers doivent s'y rendre aussi. Le bruit court que, d'accord avec les comités, le maréchal Prim s'apprête à proclamer la République. Les populations de la frontière sont inquiètes.

« *Le Préfet.* »

Mais le ministre de l'intérieur avait bien d'autres martels en tête. Il écrit confidentiellement aux préfets :

« Les généraux conserveront la nomination des officiers dans la mobile. Concertez-vous avec eux, et appuyez surtout les anciens officiers et sous-officiers. »

Et le même jour encore :

« Il est indispensable que dans les circonstances actuelles les municipalités restent organisées. Vous voudrez bien en conséquence maintenir dans leurs fonctions les maires en exercice. Il sera ultérieurement pourvu au renouvellement général. »

Chef de gare de Commercy à l'Impératrice.

« Voie libre jusqu'à Nancy, qui est occupé par les Prussiens. Voie interrompue entre Marbache et Pont-à-Mousson. »

Metz, 14 août, 5 h. 55, matin.

L'Empereur à l'Impératrice.

« Je connaissais ce que tu m'as écrit hier soir ; aussi nous allons passer sur la rive gauche de la Moselle, Verdun sera notre point d'appui. Il faut faire sauter le chemin de fer de Thionville à Sedan, dès que l'ennemi s'en approchera. — Nous t'embrassons tendrement. »

Nous n'avons recueilli aucun renseignement sur la journée du 15. Peut-être les lignes télégraphiques avaient-elles été, ce jour là, coupées par l'ennemi.

La transcription des dépêches, sur le registre dont nous avons parlé, s'arrêtait ici. Le trouble des dernières semaines avait sans doute empêché qu'on ne se livrât à ce travail de bureau intime. Peut-être aussi l'Impératrice déchirait-elle les dépêches aussitôt qu'elles lui étaient transmises. C'est en lambeaux que la commission des Tuileries retrouva le brouillon, sans date, d'un avis de haute importance, destiné à empêcher l'Empereur de rentrer à Paris après les deux premiers échecs subis.

Les textes qui vont suivre ont tous été transcrits par nous, non plus sur cette mise au net confidentielle, mais sur les originaux mêmes, sur les minutes des dépêches confiées au télégraphe. Chaque jour, ces originaux revenaient au cabinet; ils étaient soigneusement classés par petits paquets liés par une bande de papier blanc portant le jour, la date et l'année.

Voici le fac-similé de la disposition d'une de ces minutes; elles se ressemblent à peu près toutes.

N° 311
MOTS. 37.

CABINET, 12 h. 37
(Signature illisible du chef de ce cabinet télégraphique.)

Paris, 18 août 1870, 12 h. 35, soir.

(Taxe, 4 fr.)

RECOMMANDÉE.

S. Exc. le cardinal Bonaparte.

Rome.

« *Je vous prie de demander au Saint-Père, en mon nom, ses prières et sa bénédiction pour la France, pour l'armée et pour tous ceux qui nous sont chers.*

« EUGÉNIE. »

Quelques heures avant, l'Impératrice avait envoyé ce renseignement au camp de Châlons :

« Je reçois d'Anvers, par les affaires étrangères, le télégramme anonyme suivant : Corps Falkenstein de 50,000 hommes a quitté Hanovre, via Cologne, et est dirigé vers frontière France. »

Les dépêches des maréchaux Vaillant et Mac-Mahon n'étaient pas nombreuses dans les liasses que nous avons eues sous les yeux ; mais elles tranchent sur la banalité, la puérilité ou le mensonge des autres par la fermeté du commandement et la clarté de l'information. Les plus typiques parmi ces télégrammes ont dû être versés aux Archives du ministère de la Guerre.

Palais des Tuileries, 18 août 1870.

A M. Laudis, architecte de la couronne, à Sèvres.

« Des travaux de défense doivent être exécutés au château et dans la forêt de Meudon, et, sur un terrain particulier, en face la nouvelle manufacture de Sèvres.

« Mettez les terrains dont il s'agit à la disposition des agents du génie quand ils se présenteront.

« Communiquez la présente dépêche à l'agent des forêts de la couronne, afin qu'aucune formalité administrative n'entrave le commencement de ces travaux.

« *Le maréchal de France, ministre de la maison de l'Empereur,*

« VAILLANT. »

Les dépêches du 19 août, envoyées du quartier général dans toutes les directions, témoignent des anxiétés du maréchal Mac-Mahon et de ses incertitudes sur la marche du corps Bazaine.

Camp de Châlons, 19 août, 4 h. 50.

Le maréchal Mac Mahon au commandant supérieur de Thionville.

« Envoyez en reconnaissance un officier intelligent, monté sur une machine à vapeur qui ne s'arrêtera que lorsque la voie sera coupée ou qu'il aura été (un mot illisible) par l'ennemi. — Ce système nous a bien réussi. — Rendez-moi compte des renseignements de cet officier sur la marche du maréchal Bazaine.

« Maréchal MAC-MAHON. »

6 heures 25.

Du même au général commandant Verdun et au sous-préfet de cette ville.

« Nous sommes sans nouvelles directes du maréchal Bazaine et je crains que nous n'en ayons pas de longtemps. Employez tous les moyens possibles pour vous en procurer, en expédiant des courriers ou des gens du pays, et renseignez-moi. »

Le lendemain matin 20, point de nouvelles encore. Le maréchal Mac-Mahon télégraphie au préfet des Vosges :

« Faites votre possible pour avoir des nouvelles du maréchal Bazaine et savoir s'il se retire vers le midi, à travers le pays situé sur la rive droite de la Moselle. »

Mais terminons la journée du 19.

Camp de Châlons, 11 h. 15.

Le général Lebrun au Ministre de la Guerre.

« M. le général Gresley, disponible, vient d'être désigné pour chef d'état-major général du 12e corps d'armée. Je crois devoir vous en informer. »

12 heures 35.

L'Empereur au Ministre de la Guerre.

« Le maréchal de Mac-Mahon désire que les promotions pour la cavalerie ne soient pas faites avant celles de l'infanterie.

« Napoléon. »

L'Empereur au même.

« Des petits détachements prussiens coupent les chemins de fer, comme aujourd'hui, entre Longuyon et Thionville. Si on envoyait en chemin de fer cent hommes armés avec des ingénieurs, on pourrait facilement rétablir le chemin de fer, sauf à s'en aller si les forces étaient trop considérables.

« Napoléon. »

L'avis était presque enfantin. Il était de toute évidence « que les petits détachements prussiens » reviendraient couper nos malheureux chemins de fer aussitôt que « les cent hommes armés » se seraient éloignés!

Camp de Châlons, 19 août, 6 h. 15.

Le capitaine Villot au secrétaire du prince Napoléon, au Palais-Royal.

« Le prince est parti, envoyé en mission par l'Empereur.

« Par ordre, Villot. »

Camp de Châlons, 19 août, 8 h. 55.

Colonel Ferri-Pisani au général Trochu, gouverneur de Paris.

« Le prince étant parti en mission, prière instante de demander pour moi au ministre un emploi, soit sous votre commandement, soit à l'armée. »

Le colonel Ferri-Pisani, officier du prince Napoléon, obtint du général Trochu, après le 4 septembre, un emploi supérieur dans l'état-major de la garde nationale, et resta dans Paris pendant toute la durée du siége.

Dépêches du 20 août. Elles ne sont pas nombreuses.

Tout se désorganisait partout. Le ministère déclarait à la Chambre que l'Empereur ne commandait plus, et ce n'était malheureusement là qu'un inutile mensonge.

Pour replâtrer l'effet que devait entraîner en France la nouvelle de cette avanie, le secrétaire particulier de l'Empereur télégraphiait au ministre de l'intérieur, sous une forme évidemment destinée à la publicité :

« L'Empereur a visité hier à cheval plusieurs corps d'armée. Partout Sa Majesté a été accueillie avec enthousiasme, et les soldats lui demandaient de marcher en avant.

« Piétri. »

Nos braves soldats ne demandaient pas seulement cette marche en avant, qui devait les conduire à Metz et à Sedan, leurs chefs réclamaient pour eux avec instance les ustensiles indispensables en campagne. Mais les magasins étaient vides, et on ne sait ce que put répondre le ministre de la guerre à cette piteuse demande de celui-là même qui avait déclaré cette guerre funeste :

« Il y a ici un grand besoin de marmites et de bidons.
« Ne peut-on en faire faire un grand nombre à Paris ? »

« Napoléon. »

Camp de Châlons, 20 août, 6 h. 30, soir.

Général de Failly au ministre de la guerre.

« Nous marchons sur Reims. Je prie Votre Excellence de faire diriger sur cette ville ma réserve d'artillerie, qui est partie de Chaumont par le chemin de fer de Troyes avec ordre de se rendre au camp de Châlons.

« DE FAILLY. »

9 heures, soir.

Payeur particulier du quartier impérial au directeur général des postes, Paris.

« Prière d'expédier, jusqu'à nouvel ordre, sur Reims, les courriers porteurs des dépêches destinées à l'Empereur et aux personnes de la maison de Sa Majesté. A partir de demain matin 21 courant.

« Vu : l'adjudant-général du palais. »

Voilà nos armées, et leur général en chef, — de fait, sinon de titre, puisque le commandement était censément cédé au maréchal Mac-Mahon, — définitivement en route pour Sedan!

———

Les minutes des télégrammes échangés dans la journée du 21 août manquaient aux dossiers que nous avons dépouillés. Le paquet fut-il égaré dans son entier ou ne parvint-il pas au cabinet ?

———

Courcelles, près Reims, 22 août.

L'aide de camp de service au Ministre de la Guerre.

« Par ordre de l'Empereur, envoyez immédiatement au quartier impérial dix exemplaires de la feuille de Mézières, aux 320 millièmes.

« *Le général de brigade,*
« PAJOL. »

Courcelles, 22 août, 10 h. 25, matin.

A Sa Majesté l'Impératrice.

« Je reçois de bonnes nouvelles de Bazaine, du 19, qui, je l'espère, vont changer nos plans.

« NAPOLÉON. »

ARMÉE DU RHIN.
1er corps.

ÉTAT-MAJOR GÉNÉRAL

11 heures 50

*Le maréchal Mac-Mahon
au général commandant à Verdun.*

« Donnez deux mille francs au garde qui vous a apporté ce matin la dépêche du maréchal Bazaine. Je vous envoie cette somme. — Promettez-lui une pareille récompense s'il rapporte une réponse à la dépêche chiffrée destinée au maréchal Bazaine, que je vous ai transmise ce matin.

« MAC-MAHON. »

Le 23 août, point de dépêches. On était en marche sur Rethel. C'est de ce point que partirent tous les télégrammes du lendemain 24.

C'est l'Empereur qui, à une heure du matin, l'annonce ainsi, du quartier impérial, à son fils :

A S. A. I. le Prince impérial.

« Demain nous serons à Rethel.

« NAPOLÉON. »

La série des dépêches militaires du 24 août indique que le maréchal Mac-Mahon avait enfin, mais trop tard, pris la haute main et donnait les ordres.

ARMÉE DU RHIN.
1ᵉʳ corps.

QUARTIER GÉNÉRAL.

Rethel, 24 août.

Maréchal Mac-Mahon au Ministre de la Guerre.

« L'occupation de Reims est de la plus haute importance, cette ville devant opérer le ravitaillement des armées qui opèrent dans le nord-est. Prière d'envoyer sur ce point une division d'infanterie, qui aurait toujours le temps, si elle était attaquée par des forces supérieures, de se replier par les voies ferrées. »

8 heures 30.

Du même.

« Le grand parc pouvant recevoir des attelages, je désire que les 2,500,000 cartouches et les 25,000 coups de canon qui se trouvent à Reims soient dirigés sur Mézières, sous la direction du général Metrecé. »

Du même.

« L'ennemi pouvant avoir les ponts des cours d'eau que je puis traverser en me portant vers l'Est, des équipages de pont deviennent nécessaires. Si vous disposez d'attelages en nombre suffisant, faites diriger sur Mézières un équipage de corps d'armée et l'équipage de réserve qui est à Soissons.

« Maréchal MAC-MAHON. »

Rethel, 6 h. 20.

L'Empereur au Ministre de la Guerre.

« Je vous prie de ne pas nommer à l'armée active des officiers généraux en retraite ou dans les cadres de la réserve. C'est contraire à la loi, et cela fait ici le plus mauvais effet, en ôtant à ceux qui le méritent l'espoir d'avancer.

« Je vous enverrai demain les noms des officiers que j'ai nommés, d'accord avec le maréchal Mac-Mahon, et vous pourrez employer à l'intérieur les généraux que nous vous renverrons.

« NAPOLÉON. »

On voit que, malgré les terribles avertissements qu'il avait déjà reçus et malgré les désastres inévitables qui le menaçaient, l'Empereur tenait essentiellement à ne rien modifier à son entourage. Sedan a montré où devaient nous conduire ces suprêmes susceptibilités.

Un des généraux auxquels Napoléon tenait le plus, quoiqu'il eût déjà donné la mesure de son activité et de sa vigilance, le général de Failly, télégraphiait ceci au ministre de la guerre :

« Les officiers manquent de tout, par suite de l'abandon de leurs bagages à Bitche. Il y a lieu de leur faire des distributions de capotes et de pantalons.

« Je pense que nous resterons ici vingt-quatre heures.

« Prière à M. le ministre de vouloir bien envoyer aussi à Rethel des effets d'habillement, des cantines et des ustensiles de cuisine.

« Une seule de mes divisions est passée par le camp de Châlons, où elle est restée douze heures.

« DE FAILLY. »

Mais déjà nous étions plus qu'à demi vaincus par notre déplorable organisation. L'armée se démoralisait ; l'insubordination allait croissant.

Le général commandant du 12ᵉ corps écrivait au ministre de la guerre :

« J'ai un besoin urgent d'imprimés de toute sorte et de codes de justice militaire pour faire fonctionner les conseils de guerre des divisions du 12ᵉ corps d'armée. »

Et cet appel résonnait dans le vide! Les événements se précipitaient d'un pas autrement rapide que ne l'est celui de la justice, même militaire.

Les dépêches du 26 et du 27 manquent dans les paquets de minutes que nous feuilletons.

Celles du 28 marquent le trouble général qui précède toujours les grandes crises.

On remarquera que les renseignements qui suivent ne sont point envoyés à Paris par l'état-major impérial, mais par des autorités civiles.

(Chaumont, 28 août, 9 h., matin.

Le préfet au Ministre de la Guerre.

« Il est passé à Joinville, le 24, 25 et 26 août, environ 25,000 ennemis, dont 6 régiments d'infanterie, 6 batteries d'artillerie, 8 batteries de train, comprenant 24 nacelles en tôle, avec madriers en bois, et 24 grosses nacelles en bois, qui, dit un témoin oculaire, pourraient fort bien servir à introduire une masse de soldats prussiens dans une place quelconque, chaque nacelle pouvant dissimuler une quarantaine d'hommes.

« Le matériel qui suivait ces batteries est incroyable; comme aussi la quantité de provisions, troupeaux de vaches, bœufs, moutons, pain, foin, avoine, etc. Le 5ᵉ d'infanterie, qui devait séjourner le 26 à Joinvile, a reçu subitement, à neuf heures du matin, un ordre de départ.

« Toutes ces troupes se dirigent vers Vassy et Montiérender. »

Sedan, 28 août, 4 h. 25, soir.

Le procureur impérial au Ministre de la Justice.

« 10 à 12,000 ennemis, 107ᵉ Saxons, à Stenay. Quelques cavaliers se sont présentés devant Mouzon, demandant des renseignements. On entend en ce moment la canonnade dans la direction de Buzancy. »

Épernay, 28 août, 5 h. 50, soir.

Le chef de gare au directeur de l'exploitation.

« Châlons, qui était dégagé ce matin, est occupé depuis trois heures du soir par 20,000 hommes environ. Un régiment de uhlans se dirige sur Montmirail et Épernay. Ces renseignements m'ont été donnés par une machine qui arrive de Châlons en reconnaissance. »

Schelestadt, 28 août, 6 h., soir.

Le sous-préfet au Ministre de la Guerre.

« On me signale un mouvement inusité parmi les troupes qui entourent Strasbourg. Les tabacs de Benfeld (sic), qui avaient été emmenés par l'ennemi, ont été ramenés, n'ayant pu passer. On me dit également que les troupes qui étaient vers Rhinau ont opéré aussi un mouvement.

« Une personne sûre, venant de Saverne, me dit qu'il y a eu un grand mouvement de troupes passant par la vallée de Drusenheim; la landsturm de tous les pays, même des Polonais du duché de Posen, qui sont venus jusque-là en sept jours. Ils paraissent assez démoralisés et peu satisfaits. Le passage aurait eu lieu depuis cinq à six jours, et cette personne était à Saverne hier et logeait des soldats.

« Phalsbourg tient toujours et son canon fait merveille. »

Belfort, 28 août, 9 h. 25, soir.

Le commandant supérieur au sous-préfet de Belfort, aux Ministres de la Guerre et de l'Intérieur.

« Un douanier nous a remis la dépêche suivante :

Au général Douay.

« Strasbourg est perdu si vous ne venez immédiatement à son secours.

« Faire ce que vous pourrez.

« Général UHRICH. »

« Cette dépêche a déjà dû vous être transmise. Nous avons dû néanmoins vous en rendre compte. »

A Paris, l'Impératrice continuait à affecter un calme inébranlable. Elle écrivait, à une heure dans la nuit, cette simple ligne à son mari, au quartier général :

« Ici tout va bien. Je vous embrasse tendrement. »

Mais, quelques heures avant, dans un accusé de réception au cardinal Bonaparte, à Rome, elle laissait transparaître ses angoisses.

Paris, 28 août, 3 h. 30, soir.

« Reçu votre dépêche. — J'accepte votre idée. Nous avons bien besoin de vos prières pour la France, pour l'armée et pour nous.

« EUGÉNIE. »

Ce mélancolique « *et pour nous* » montre avec quelle ténacité, depuis la nuit du 2 décembre jusqu'aux dernières heures de cette capitulation de Sedan, dont on ne nous a point encore livré les propositions, les débats et les engagements secrets, la dynastie d'aventure des Bonaparte associa le sort de la France au sien propre.

Cette série de télégrammes a été, en partie, publiée par le journal *le Siècle* et reproduite par un grand nombre de journaux de l'étranger et de la province : *l'Indépendance belge*, *le Nord*, *l'Avenir du Luxembourg*, *la Gironde*, *la Réforme* de Toulouse, *le Progrès du Nord*, *les Tablettes Charentaises*, etc.

FIN.

www.ingramcontent.com/pod-product-compliance
Lightning Source LLC
Chambersburg PA
CBHW061005050426
42453CB00009B/1262